ADMINISTRAÇÃO FÁCIL

Das primeiras teorias às boas
práticas organizacionais

Orlando Rodrigues

ISBN-13: 9798410774376

Cover design by: Art Painter
Library of Congress Control Number: 2018675309
Printed in the United States of America

CONTENTS

Title Page

Copyright

Dedication

Epigraph

PREFÁCIO   4

INTRODUÇÃO   6

AS PRINCIPAIS TEORIAS ADMINISTRATIVAS   10

TEORIA CLÁSSICA   11

TEORIA DAS RELAÇÕES HUMANAS   19

TEORIA COMPORTAMENTAL   24

TEORIA NEOCLÁSSICA   30

ADMINISTRAÇÃO POR OBJETIVOS (APO)   36

TEORIA DA BUROCRACIA   39

TEORIA ESTRUTURALISTA   42

TEORIA DO DESENVOLVIMENTO ORGANIZACIONAL   46

TECNOLOGIA E ADMINISTRAÇÃO   51

TEORIA MATEMÁTICA DA ADMINISTRAÇÃO   57

TEORIA DE SISTEMAS   61

TEORIA DA CONTINGÊNCIA   64

ESTRATÉGIA ORGANIZACIONAL   67

REFERÊNCIAS BIBLIOGRAFICAS   72

Orlando Barbosa Rodrigues

ADMINISTRAÇÃO FÁCIL
Das primeiras teorias, às boas práticas organizacionais.

Dados Internacionais de Catalogação na Publicação (CIP)
(Câmara Brasileira do Livro, SP, Brasil)

Rodrigues, Orlando Barbosa
   Administração fácil : das primeiras teorias às
boas práticas organizacionais / Orlando Barbosa
Rodrigues. -- Goiânia, GO : Ed. do Autor, 2021.

   Inclui bibliografia
   ISBN 978-65-00-34803-3

   1. Administração 2. Administração de empresas
I. Título.

21-90804   CDD-658

Índices para catálogo sistemático:

1. Administração de empresas   658

   Cibele Maria Dias - Bibliotecária - CRB-8/9427

AGRADECIMENTOS

Agradeço a todos aqueles que contribuíram para esta realização com críticas e sugestões e, especialmente, à minha esposa e a meus filhos, pelo apoio e compreensão nos momentos em que me fiz ausente para a produção deste trabalho.

Brasil, 2021.

PREFÁCIO

O presente livro tem a finalidade de auxiliar o leitor, principalmente o acadêmico de administração de empresas nos primeiros períodos do curso, a compreenderem os preceitos e pressupostos das principais teorias administrativas e decorre de uma publicação anterior denominada Administração para iniciantes: a evolução do pensamento administrativo, publicado em 2008.

A extensa bibliografia sobre os fundamentos e princípios que norteiam as ações dos administradores no dia a dia das organizações é rica e farta. Incontáveis autores nacionais e estrangeiros esmeram-se em disponibilizar ao público inúmeras publicações que, em grande maioria, destaca-se pela qualidade com que são apresentadas aos ávidos leitores interessados na ciência da administração. Contudo, nem sempre a mensagem chega de maneira clara, simples ou objetiva.

O frequente uso de jargões, estrangeirismos e termos altamente técnicos, nem sempre usados no cotidiano das empresas de pequeno porte, por vezes criam um hiato entre as expectativas do leitor e os ensinamentos que lhes são colocados à disposição.

Essa constatação é resultado de vários anos atuando como professor universitário e ensinando diversas disciplinas da área a estudantes trabalhadores e pequenos empresários.

Os depoimentos e as impressões desses alunos me motivaram a escrever este livro sem, contudo, desqualificar as publicações existentes sobre o tema.

Ao contrário, tais publicações são a referência para a produção deste material, através da utilização de citações de autores conhecidos do meio acadêmico com utilização de uma linguagem simples, permitindo ao leitor uma fácil compreensão dos princípios norteadores dessa ciência tão importante no mundo dos negócios, seja ele leigo, acadêmico, micro, pequeno ou médio empresário, públicos-alvo deste trabalho.

Esta publicação é um compilado das principais teorias administrativas, bem como uma abordagem genérica sobre sistemas e processos administrativos, sem a pretensão de aprofundar em relação a cada um desses assuntos.

Contudo, as abordagens aqui contidas conduzem o leitor a um processo de instigação para a pesquisa e aprofundamento.

O presente livro é um material auxiliar de leitura e pesquisa, sobretudo para iniciantes nos estudos de administração, bem como, aqueles que desejam se preparar para concursos e outros processos seletivos, em razão da linguagem simplificada aqui proposta.

Desse modo procurou-se sintetizar cada um dos assuntos em uma linguagem simples e direta, proporcionando uma leitura rápida e agradável.

INTRODUÇÃO

Uma das maneiras mais eficazes de se aprender Administração é pensar essa ciência no modo de pensar do administrador, assim como seria na Medicina, no Direito ou na Pedagogia. Ou seja, um estudante de Medicina lida melhor com os ensinamentos da ciência médica, no momento em que ele começa a pensar no modo de pensar de um médico e assim por diante, nas demais áreas do conhecimento.

Em se tratando do ensino de administração o processo é idêntico e, graças a esse modo de pensar foi possível, ao longo dos anos no período pós-revolução industrial, elaborar pressupostos, preceitos e teorias próprias, mesmo que se valendo de saberes de outras áreas.

Antes de compreender o que de fato é administrar e quais as suas ferramentas, torna-se mister entender o que vem a ser organização, já que os dois termos são indissociáveis no contexto das corporações. Um termo está ligado ao outro de maneira recíproca e os dois interagem constantemente, a partir da própria consciência humana de que não estamos sós e fazemos parte de um imenso sistema social a serviço de nossa própria existência.

O conceito de organização é tão antigo quanto o conceito de indivíduo, enquanto pessoa humana, que sabedor de suas limitações individuais procura, através da junção de esforços com outros indivíduos romper suas limitações e alcançar resultados que sozinhos, jamais poderiam alcançar.

Essa junção de esforços, caracterizada pela união de pessoas com objetivos comuns denomina-se organização. Porém, cabe ressaltar que este é um dos sentidos apregoados à palavra organização que, notadamente, refere-se à reunião de pessoas e tem o sentido de grupo.

O outro sentido, mais amplo, reporta-se à faculdade do indivíduo em estabelecer ordem para as coisas, ou seja, um lugar para cada coisa, cada coisa em seu lugar, pessoas certas nos lugares certos, razão de ser da própria ciência da administração.

Obviamente, cada indivíduo tem interesses e objetivos próprios, inerentes à sua própria condição de vida e que muitas das vezes divergem dos objetivos de seu companheiro ou parceiro.

Conciliar interesse individual em prol de objetivos comuns, no sentido de realizar algo, é tarefa da administração.

Depreende daí que o conceito de organização remonta aos primórdios da existência humana. Por milhares de anos os seres humanos buscaram, através da árdua luta pela sobrevivência, organizar-se em pequenos grupos realizando atividades ligadas à própria subsistência, cultivando o solo, criando e adestrando animais.

Com o passar do tempo os pequenos grupos foram se transformando em grandes sociedades até chegarmos ao modelo de sociedade contemporânea.

O modelo de organização das sociedades, no decorrer da história da humanidade e as diversas influências recebidas formam a base da ciência da administração.

Foram várias as influências recebidas pela administração desde a antiguidade, tais como as notáveis contribuições de filósofos, como Sócrates, Platão e Aristóteles; e a organização eclesiástica que, por sua vez, influenciou o pensamento administrativo com o modelo de organização fundamentado na hierarquia de autoridade, tal qual a organização militar, com seus exércitos estruturados no princípio da unidade de comando, no princípio da direção e na escala hierárquica. Entretanto, a ciência da administração é bem mais recente decorrente das implicações advindas do fenômeno da revolução industrial, tais como o surgimento das empresas, a mecanização da produção e a reorganização das sociedades dentro de um novo modelo socioeconômico.

A revolução industrial, ocorrida entre os séculos XVIII e XIX, trouxe grande impacto em relação à organizacional social e à concepção de trabalho, aliada às influências do liberalismo econômico e o desenvolvimento da economia capitalista.

A reordenação produtiva do período pós-revolução industrial passou a exigir maior eficácia das empresas, combinada com o aumento da produção e a redução do desperdício.

A partir daí uma série de ensinamentos e contribuições de diversas áreas do saber emolduram as premissas, preceitos e fundamentos dessa ciência tão importante e vital para o sucesso das organizações e das pessoas.

Nos dias atuais, a globalização e a competitividade, associadas ao contínuo desenvolvimento tecnológico exigem das empresas inovação e melhoria contínua e o mesmo acontece com as pessoas que precisam estar atentas às mudanças e atualizadas constantemente.

ORLANDO BARBOSA RODRIGUES

AS PRINCIPAIS TEORIAS ADMINISTRATIVAS

TEORIA CLÁSSICA

A escola clássica surgiu da necessidade de dotar as empresas de mecanismos que as tornassem mais eficazes, tendo em vista uma importante mudança na concepção de trabalho proporcionada pela revolução industrial.

A mecanização da indústria passou a exigir maior racionalidade na organização e execução do trabalho, decorrentes da aceleração da produção, do consumo em massa, do aumento de capital e, também, o aumento do número de trabalhadores nas empresas.

O crescimento de forma desorganizada impôs aos pioneiros empreendedores, a substituição do modelo tradicionalista, da improvisação e do empirismo para dar lugar ao método científico e procedimentos padronizados de produção. Essa nova concepção de trabalho afetaria também a concepção de homem, um ser eminentemente racional, que estaria disposto a produzir cada vez mais, desde que melhor recompensado.

A escola da administração científica concebia a ideia de uma gestão eficaz, adequada para alcançar a sobrevivência longa no mundo dos negócios.

Seus pressupostos, continham o propósito de reduzir o trabalho a uma parcela mínima, denominada tarefa, bem como padronizar e medir esse trabalho em relação ao tempo gasto para sua execução.

A divisão, padronização e aferição dos tempos

e movimentos necessários à realização de cada tarefa proporcionaram a superespecialização do trabalho e o aumento da produção.

Os pressupostos se caracterizaram pelo estudo da administração e do modo de organização das empresas cientificamente e não de maneira empírica, como era feito até então.

A improvisação deu lugar ao planejamento, com aplicação de métodos científicos, denominando-se organização racional do trabalho, fundamentada, entre outros aspectos, no estudo de tempos e movimentos, na divisão racional do trabalho e na padronização de ferramentas, instrumentos e procedimentos de trabalho, do qual decorrem a especialização e a remuneração diferenciada, além da necessidade de supervisão funcional.

Nesse contexto mecanicista o operário limitava sua ação à pura e simples realização do trabalho para o qual seria remunerado em função de sua capacidade produtiva.

Frederick Winslow Taylor encarregara-se de preconizar tais preceitos exclusivamente no âmbito das tarefas, ênfase maior da abordagem científica.

Suas ideias influenciaram a administração do mundo inteiro e recebeu contribuições de Frank e Lillian Gilbreth, Harrington Emerson, Henry L. Gantt e Henry Ford.

Embora muito criticada, sobretudo, pela visão mínima do indivíduo em relação à organização e ao próprio trabalho, o modelo mecanicista ainda se sobressai na maioria das organizações.

O modelo de divisão do trabalho e a padronização de procedimentos ainda são comuns ao contexto das organizações modernas.

Elementos do método científico de Taylor

Estudo de tempos e movimentos e organização racional do trabalho. Esse primeiro elemento da administração científica de Taylor compreende a busca de melhorias no processo de execução de uma determinada tarefa no menor espaço de tempo possível, permitindo a racionalização do trabalho mediante a fixação de um tempo padrão, com eliminação de movimentos inúteis ou desnecessários.

O trabalho deve ser analisado e decomposto a sua unidade mínima, denominada tarefa.

Padronização

O estabelecimento de padrões nos métodos e processos de trabalho visando a melhoria da qualidade e maior quantidade de produtos tem ainda o intuito de reduzir a variabilidade no processo produtivo e, assim, eliminar o desperdício e aumentar a eficiência.

Seleção e treinamento de pessoal

Com o objetivo de proporcionar a especialização do trabalhador, esse elemento baseara-se no fato de que cada indivíduo deve realizar o trabalho para o qual revele maior aptidão e habilidade, devendo, posteriormente, ser treinado de modo a desenvolver sua capacidade em prol do aumento da produtividade com qualidade.

Planejamento

O trabalho é pensado no topo organizacional antes de sua execução na base operacional. Dessa forma pode-se conceituar o planejamento como um processo desenvolvido para o alcance de determinado objetivo de maneira eficaz e efetiva.

Incentivos Salariais / Prêmios De Produção

O indivíduo é incentivado a produzir mais quando recebe premiações pelo aumento da produção e ou redução do tempo de execução de determinada tarefa.

A escola de Taylor e seus seguidores defendiam que a remuneração baseada no tempo não estimula a realização do trabalho, além do que está estabelecido como forma de pagamento (salário mensal ou pagamento por hora).

Assim, a remuneração deveria basear-se na produção, de modo a premiar o operário com maior produção em determinado intervalo de tempo padrão.

A escola clássica, contudo, estendeu seus fundamentos de organização do trabalho à estrutura organizacional, focada nos procedimentos gerenciais, ou seja, o trabalho para ser executado com qualidade precisa ser planejado pelos seus gestores.

Henri Fayol identificou seis funções essenciais da empresa classificando-as como função técnica, função comercial, função financeira, função de segurança, função patrimonial e função administrativa.

A função administrativa compreende as atividades de previsão, comando, coordenação e controle também definidos como as funções do administrador, caracterizadas como: Planejamento, Organização, Direção e Controle.

O caráter prescritivo e normativo das abordagens contidas na teoria clássica e seu caráter puramente formal, lógico e rígido desconsidera, entre outros fatos, aqueles de natureza psicossocial, tendo sido alvo de inúmeras críticas das teorias posteriores.

Os preceitos clássicos, embora, sejam considerados por muitos com uma abordagem ultrapassada ainda prevalecem no cotidiano das organizações.

Taylor focou seus estudos no trabalho dos operários, estabelecendo critérios para divisão de tarefa, com eliminação de movimentos inúteis e a seleção científica do trabalhador, ou seja, considerando as habilidades pessoais em relação à tarefa que lhe seja mais compatível.

Fayol percorreu o caminho inverso, focando suas ações na estrutura organizacional, buscando a eficiência a partir de um melhor arranjo dos diferentes setores da empresa.

Princípios Gerais De Administração

Princípio Da Divisão Do Trabalho

Consiste na especialização das tarefas com a finalidade de produzir mais e melhor, com o menor esforço, pressupondo assim uma maior especialização das pessoas e maior eficiência.

Princípio Da Autoridade E Responsabilidade

A autoridade no contexto das organizações está ligada à prerrogativa de dar ordens e o poder de esperar obediência, levando-se em conta o controle e a influência sobre o comportamento de outrem, enquanto que o princípio da responsabilidade é a consequente aceitação da autoridade, no sentido da prestação de contas, devidamente equilibradas.

Princípio Da Disciplina

É a aplicação da obediência na realização de tarefas dentro de um comportamento de respeito a acordos pré-estabelecidos.

Princípio Da Unidade De Comando

Unidade de Comando pressupõe, dentro do contexto das organizações, que cada subordinado deve receber ordem de apenas um único superior hierárquico.

Princípio Da Unidade De Direção

Unidade de Direção significa que cada grupo de unidades dentro do todo organizacional deve se compor de atividades dirigidas a um mesmo objetivo e o comando de um único chefe. Um só plano, uma só cabeça.

Princípio Da Subordinação

Os interesses gerais das organizações devem se sobrepor ao interesse particular de cada indivíduo.

Princípio Da Remuneração

O pagamento aos funcionários deve ser justo e proporcionar satisfação tanto aos empregados, quanto à organização.

Princípio Da Centralização

A centralização está relacionada à retenção da autoridade no topo da hierarquia organizacional.

Princípio Da Cadeia Escalar

Linha hierárquica que corresponde à variação dos diferentes níveis de autoridade dentro das organizações

Princípio Da Ordem

Dentro dos princípios gerais estabelece um lugar para cada coisa, cada coisa em seu lugar. As pessoas certas nos lugares certos.

Princípio Da Equidade

Lealdade e justiça aplicadas com bom senso.

Princípio Da Estabilidade

Estabilidade do pessoal é a permanência no cargo na função ou no emprego proporcionando maior segurança na realização das atividades.

Princípio Da Inciativa

Iniciativa é a capacidade de um determinado indivíduo visualizar um plano para sua carreira e assegurar seu sucesso.

Espírito De Equipe

É a harmonia e união entre as pessoas dentro das organizações.

Tem-se que a aplicação desses princípios é uma questão de medida, ou seja, faz-se necessário saber onde, como, por que, para que e em que situações tais princípios devem ser aplicados.

Os autores da Escola Clássica definem um modelo de homem racional e consciente. Suas decisões devem basear-se na opção por alternativas que maximizem os resultados visando atingir os objetivos da organização, ancoradas, principalmente, no planejamento e no controle.

Dessa forma é tarefa do gerente estabelecer condições para assegurar a preparação dos planos e sua execução, harmonizando atividades e coordenando esforços de maneira enérgica, competente e única.

TEORIA DAS RELAÇÕES HUMANAS

O caráter puramente mecanicista, prescritivo e normativo da escola clássica encontraria opositores contrariados com o caráter de exploração das pessoas empregadas nas organizações e favorecimento patronal contido nos pressupostos clássicos.

Essa corrente de oposição ganhou importância nos Estados Unidos, ancorada no desenvolvimento das ciências humanas, principalmente, a Psicologia, tendo em vista suas aplicações no contexto da administração industrial.

A experiência de Hawthorne

O grande marco do pensamento humanista dentro das organizações deveu-se às conclusões da experiência de Hawthorne realizada entre 1927 e 1932 em uma fábrica de equipamentos e componentes telefônicos, situada em Chicago e coordenada por Elton Mayo.

Dividida em quatro fases, seus resultados puseram em dúvida diversos postulados contidos na escola clássica.

Fases Da Experiência De Hawthorne

Primeira Fase

Foram constituídos dois grupos, sendo um grupo de observação e um grupo de controle, com o intuito de verificar o efeito da iluminação sobre o rendimento dos trabalhadores.

O grupo de observação foi submetido a variações de intensidade de iluminação durante o processo de produção, enquanto o grupo de controle permaneceu trabalhando sem qualquer alteração na intensidade da luminosidade.

George Elton Mayo, cientista social australiano, chefiou o projeto de pesquisa da fábrica de Hawthorne, na cidade de Chicago. Apesar de não encontrarem relação direta entre tais variáveis, descobriu-se que os operários do grupo de observação aumentavam ou diminuíam sua produção, em função das alterações de intensidade da iluminação, mesmo quando foram trocadas as lâmpadas por outras de mesma potência, induzindo os operários a acreditarem que houvera alteração na intensidade da iluminação.

Nesse aspecto chegou-se à conclusão de que o fator psicológico prevalecia sobre o fator fisiológico e que a eficiência da produção não dependia somente de condições físicas de trabalho, mas também e, principalmente, de condições psicológicas.

Segunda Fase

Após o reconhecimento da importância do fator psicológico, a segunda fase foi dividida em doze períodos e realizada com moças do departamento de montagem de relés, composto por um grupo de observação formado por seis moças, sendo cinco montadoras de relés e uma fornecedora das peças e um grupo de controle composto pelo restante do departamento.

O primeiro grupo trabalhou em uma sala separada do restante do departamento, devidamente supervisionado e tinha um observador. Em cada um dos doze períodos foram realizadas no grupo de observação medições da produção; modificações no pagamento, mudança nos turnos de trabalho, entre outras alterações, com tabulação dos resultados obtidos.

O segundo grupo não sofreu qualquer tipo de alteração nas condições de trabalho. As conclusões da segunda fase apontavam para o fato de que as moças que trabalhavam no grupo de observação gostavam do trabalho, pois consideravam a supervisão mais branda, permitindo a realização do trabalho com menos ansiedade e maior liberdade num ambiente de trabalho amistoso.

Terceira Fase

Ocupou-se de verificar o estudo das relações humanas. Notaram que as moças do grupo de controle consideravam a supervisão vigilante e constrangedora. Assim, foi implantado um programa de entrevistas com os empregados para conhecerem suas atitudes e sentimentos e ouvir suas opiniões sobre o trabalho e o tratamento que recebiam, além de ouvir sugestões a respeito do treinamento de supervisores.

O programa revelou a existência do grupo informal dos operários com o intuito de se protegerem contra decisões da empresa que fossem consideradas ameaça aos operários.

Quarta Fase

Ocupou-se de estudar a relação entre a organização informal dos empregados e a organização formal da empresa. Por motivos financeiros a experiência foi suspensa em 1932.

Principais Conclusões Da Experiência De Hawthorne

Observou-se a partir das conclusões obtidas dessa experiência a importância do fator social para o sucesso da organização e como a produção depende da integração social dos indivíduos. Percebeu-se ainda a importância dos grupos informais existentes em toda empresa e como estes interferem no processo produtivo.

Os trabalhadores possuem comportamento social, cujas reações não são isoladas e seu comportamento dependerá do grupo.

A teoria das relações humanas foi bastante criticada em relação a seus pressupostos e conclusões, consideradas parciais e manipulativas.

A concepção ingênua e romântica do operário, com grande ênfase nos grupos informais, exigiu sua revisão e reelaboração a partir da teoria comportamental.

Todavia, essa teoria abriu novos horizontes ao pensamento administrativo trazendo à tona a orientação de que as organizações dependem das pessoas para obterem sucesso, ou seja, o segredo do sucesso está na maneira como ela trata e gerencia seus colaboradores.

Uma segunda orientação diz respeito à capacidade que o administrador deve ter em saber comunicar-se e em saber liderar e conduzir pessoas.

O administrador deve deixar de lado o modo autocrático de gerenciar as pessoas, para ganhar delas a aceitação de sua autoridade e, com isso, o comprometimento destes com os objetivos da organização.

Os estudos de Hawthorne ao colocarem em discussão questões relacionadas ao enfoque da eficiência, contidas na abordagem da escola científica, estimulou o debate sobre a importância da satisfação humana e do desenvolvimento pessoal no trabalho, fazendo nascer, assim, uma outra abordagem voltada para as relações humanas.

TEORIA COMPORTAMENTAL

A Teoria Comportamental originou-se a partir da oposição desencadeada pela Teoria das Relações Humanas em relação à escola clássica, representando um desdobramento e uma nova concepção em relação ao comportamento dos indivíduos no contexto das organizações, fundamentando-se no estudo da motivação humana.

As ideias da teoria comportamental estão centradas em quatro aspectos: visão formal da organização, visão informal da empresa, autoridade e indivíduo.

A Teoria Comportamental representa um desdobramento dos pressupostos da Teoria das Relações Humanas, embora adote uma postura crítica e severa em relação aos seus pressupostos ingênuos e românticos.

Enfatiza o processo decisório e considera o indivíduo um tomador de decisão, a partir de suas interações com o ambiente e baseando-se em suas convicções.

Nesse aspecto, as organizações se caracterizam pela existência de conflitos entre os objetivos individuais e os objetivos organizacionais, ou seja, na medida em que as organizações pressionam seus colaboradores para o alcance de seus objetivos, elas privam os indivíduos de obterem a satisfação de seus objetivos pessoais.

A recíproca tende a ser verdadeira em relação às aspirações individuais. A abordagem comportamental apoderou-se de resultados obtidos nas pesquisas de psicólogos, psiquiatras e sociólogos no sentido de modelar e manipular o comportamento humano.

Buscou-se o aumento da produtividade, a partir do controle de comportamento dos indivíduos em relação à alienação ao trabalho, elevação do moral e integração da pessoa à organização.

Também chamada de Teoria Behaviorista, essa concepção se fundamenta no comportamento dos indivíduos para explicar o comportamento das organizações.

Nesse aspecto, para entender o comportamento das pessoas, tornou-se necessário o estudo da motivação humana, um dos temas fundamentais dessa teoria.

Os primeiros estudos sobre liderança e motivação surgiram a partir da década de 1920 relacionados ao papel do indivíduo e seu comportamento dentro do grupo e da sociedade.

Abraham Maslow, a partir da década de 1940, desenvolveu uma teoria sobre a hierarquia das necessidades, na qual, segundo ele, o que motiva as pessoas são as necessidades insatisfeitas.

É através do esforço das pessoas para a satisfação das necessidades que ocorre o desenvolvimento e o progresso.

As pessoas estão sempre insatisfeitas e na medida em que conseguem satisfazer uma necessidade, outra surge para ser saciada.

Hierarquia Das Necessidades De Maslow

De acordo com Abraham Maslow, há uma tendência, na maioria das pessoas em procurar, em primeiro lugar, a satisfação das necessidades básicas. São elas: necessidade fisiológica, necessidade de segurança, necessidades sociais, necessidade de auto estima e necessidade de autorealização.

Abraham H. Maslow, psicólogo e consultor norte-americano, autor da teoria da motivação, na qual as necessidades humanas estão dispostas hierarquicamente em níveis de importância, seguindo-se as demais, dispostas hierarquicamente, como em uma pirâmide, a saber:

Necessidades Fisiológica

É a necessidade mais premente do ser humano. Relaciona-se à sua sobrevivência e está na base da pirâmide, constituindo o nível mais baixo da hierarquia. Ex.: fome, sede, sono, etc.

Necessidade De Segurança

Constitui o segundo nível e corresponde ao desejo de estabilidade e proteção. Estas surgem no comportamento na medida em que as necessidades fisiológicas estão satisfeitas.

Necessidade Social

Estão no terceiro nível da pirâmide e aparecem quando satisfeitas, relativamente, as necessidades fisiológicas e de segurança.

Necessidade De Estima

Relaciona-se à maneira pela qual determinado indivíduo se avalia em relação à auto apreciação, autoconfiança, necessidade de aprovação social e status. É o quarto nível da pirâmide.

Necessidades De Autorealização

Localizada no topo da pirâmide são as necessidades mais elevadas e relacionam-se ao próprio potencial do indivíduo, em relação ao seu autodesenvolvimento.

Inspirado no modelo de Maslow, Frederick Hersberg, psicólogo e consultor americano elaborou a Teoria dos Dois Fatores para explicar o comportamento das pessoas em situação de trabalho e desenvolveu seus estudos no sentido de apontar os fatores motivadores dos indivíduos, considerando as diferentes condições que afetam positiva ou negativamente os seus sentimentos.

Teoria Dos Dois Fatores De Hersberg

Fatores Higiênicos

Também chamados de fatores extrínsecos, estão localizados no ambiente ao redor das pessoas dentro das organizações, abrangendo as condições em que aquelas realizam seu trabalho.

Assim, tais fatores estão fora do controle das pessoas e são representados pelo salário, benefícios sociais, estilo de chefia, ambiente de trabalho, entre outros.

Quando precários, tais fatores são geradores de insatisfação. Se ótimos, evitam a insatisfação.

Fatores Motivacionais

Denominados de fatores intrínsecos, relacionam-se ao

conteúdo do cargo e à natureza das tarefas executadas pela pessoa. Tais fatores estão sob o controle do indivíduo e relacionam-se àquilo que ele faz ou desempenha.

Quando ótimos provocam a satisfação nos indivíduos. Se precários evitam a satisfação.

Teorias X e Y

As teorias X e Y foram elaboradas pelo professor do MIT, Douglas Mc Gregor que se ocupou em comparar dois estilos opostos e antagônicos de administrar.

De um lado, tem-se a teoria X, baseada no estilo tradicional, mecanicista e pragmático. Seus pressupostos estabelecem: as pessoas são preguiçosas, indolentes, evitam o trabalho e a responsabilidade. Para se sentirem mais seguras precisam ser controladas. São ingênuas e sem iniciativa.

Já a teoria Y traz uma concepção mais moderna, de acordo com a teoria comportamental, em que as pessoas são esforçadas, gostam de ter o que fazer. O trabalho é uma atividade natural. As pessoas procuram e aceitam desafios e responsabilidades, são criativas e podem ser automotivadas e autodirigidas.

A Teoria Z idealizada por William Ouchi em livro homônimo e em referência intencional à distinção feita entre a Teoria X e a Teoria Y, por Mc Gregor, defende que sua primeira lição é a confiança.

O ensinamento retirado da prática japonesa e aplicado no modo norte-americano propõe maior produtividade por meio de coordenação mais efetiva.

De acordo com a teoria comportamental, uma organização atua como um sistema social cooperativo em que se deve levar em conta o comportamento organizacional, a cultura, a interação entre as pessoas e o ambiente em que essas se relacionam.

O processo decisório está centrado na tese de que o indivíduo é um tomador de decisão e suas decisões baseiam-se nas informações que recebe de seu ambiente.

A teoria comportamental considera em seus pressupostos

a ênfase nas pessoas, a abordagem mais descritiva e menos prescritiva, a reformulação da teoria, suas dimensões bipolares e a relatividade das teorias motivacionais.

Embora tenha incorrido no equívoco de padronizar suas propostas, não levando em conta diferenças individuais, ela deu novos rumos e dimensões à TGA e seus conceitos são os mais populares de toda a teoria administrativa.

TEORIA NEOCLÁSSICA

Conhecida também como Escola Operacional ou do Processo Administrativo, a Teoria Neoclássica surgiu da necessidade de se utilizar os conceitos tidos como válidos e de grande relevância, oriundos da Teoria Clássica, com o expurgo dos exageros e distorções pertinentes ao pioneirismo dos preceitos clássicos, somando-se a esses os conceitos válidos e relevantes das demais teorias administrativas.

Têm como principal característica a ênfase na prática da Administração com reafirmação relativa dos postulados clássicos e seus princípios de administração, além da ênfase em objetivos e resultados.

Para os neoclássicos a administração é uma técnica social básica, a exigir do administrador o conhecimento dos aspectos técnicos e específicos de seu trabalho e também o relacionado à direção de pessoas dentro dessas organizações.

A Teoria Neoclássica surgiu com o crescimento exagerado das organizações, focada nos dilemas enfrentados pelas empresas no que se refere aos princípios centralização versus descentralização e com ênfase no processo administrativo, formado pelas funções do administrador: **planejamento, organização direção e controle (PODC)**.

O pensamento neoclássico distingue a organização formal em um conjunto de posições funcionais e hierárquicas com orientação voltada para objetivos e resultados e fundamentada nos princípios da divisão do trabalho, especialização, hierarquia e amplitude administrativa.

O dilema centralização versus descentralização está fortemente presente nos postulados neoclássicos, cada qual com seu conjunto de vantagens e desvantagens.

Para os neoclássicos a autoridades está legitimada na capacidade de tomar decisões e alocada em posições na organização e não em pessoas. Ou seja, os administradores têm autoridade em função da posição que ocupam na hierarquia organizacional.

Os subordinados tendem a aceitar a autoridade de seus superiores por acreditarem que eles têm o direito legítimo de dar ordens e esperar seu cumprimento.

Decorrente do princípio da distribuição de autoridade e responsabilidade tem-se o conceito de amplitude administrativa, ou seja, a quantidade ideal de subordinados que um administrador deve dirigir.

Quanto maior o número de subordinados, maior a amplitude de comando. O apogeu neoclássico ocorreu entre as décadas de 1960 e 1970, em um período em que a instabilidade já fazia parte da vida das organizações e do mundo dos negócios, diferentemente do período vivido no início do século XX.

Contudo, a velocidade das inovações e das mudanças não era tão premente quanto o que se vê nos dias de hoje. Todo o estudo neoclássico se fundamenta no processo administrativo, composto pelas funções administrativas a seguir:

Planejamento

Existe certa dificuldade em relação à conceituação da função planejamento nas empresas, notadamente no que se refere ao estabelecimento de sua amplitude e abrangência.

Assim, o planejamento pode ser conceituado como um processo concebido para se atingir uma situação almejada, de maneira eficiente, eficaz e efetiva.

O planejamento enquanto função administrativa começa com o estabelecimento de objetivos, com a definição de planos e metas para alcançá-lo.

Torna-se importante, nesse aspecto, estabelecer a abrangência dos objetivos organizacionais e do planejamento nos diversos níveis da empresa, quais sejam: **estratégico, tático e operacional**.

Planejamento Estratégico

É mais amplo e abrange toda a organização. Corresponde ao estabelecimento de um conjunto de providências a serem tomadas pelo executivo, visando uma situação futura diferente da situação do passado.

É projetado a longo prazo, envolve a empresa como um todo e é definido pela cúpula da organização.

Planejamento Tático

Abrange cada departamento ou unidade de uma organização e tem por objetivo otimizar determinada área de resultado. O planejamento tático é desenvolvido segundo uma estratégia pré-determinada, em nível organizacional inferior, e com a finalidade de melhor utilizar os recursos disponíveis para a consecução dos seus objetivos.

Planejamento Operacional

O planejamento operacional está relacionado a recursos, procedimentos, produtos e resultados. Correspondem a um conjunto de partes homogêneas do planejamento tático, realizado no âmbito de execução das tarefas. São os planos de ação ou planos operacionais.

Organização

A palavra organização deve ser sempre entendida sobre dois aspectos: organização no sentido de grupo ou entidade social e organização, enquanto função administrativa, parte integrante do processo administrativo.

Nessa situação, a organização consiste em determinar as atividades necessárias ao alcance dos objetivos planejados, através do princípio da especialização, estabelecer as atividades dentro de uma estrutura lógica e designar as atividades às pessoas específicas, mediante o desenho de cargos e tarefas.

Direção

A direção está relacionada à ação e consiste em fazer com que as pessoas executem as atividades preestabelecidas no planejamento e na organização.

A direção trata da relação interpessoal entre os administradores e os subordinados, independente dos níveis que esses ocupam dentro da organização.

A direção se dá no âmbito estratégico, tático ou no âmbito operacional.

◆ ◆ ◆

Controle

A palavra controle deve ser entendida também sobre vários significados na organização: Controle, como função coercitiva ou restritiva, controle, como sistema de regulação ou controle, como função administrativa.

A função de controle tem a finalidade de assegurar que os resultados almejados no planejamento sejam organizados e dirigidos de modo a serem efetivamente alcançados.

Toda a literatura neoclássica está assentada no processo administrativo, composto, assim, pelas funções administrativas planejamento, organização, direção e controle.

Hoje universalmente aceitas, mostram-se maleáveis, flexíveis e adaptáveis às diversas situações de um mundo em constante mudança.

ORLANDO BARBOSA RODRIGUES

ADMINISTRAÇÃO POR OBJETIVOS (APO)

Também conhecida como administração por resultados, a APO constitui-se como um modelo administrativo baseado no pragmatismo da Teoria Neoclássica, surgida no início da década de 1950, com a publicação de um livro denominado Administração por Objetivos escrito por Peter Drucker.

A APO parte do pressuposto de que gerentes e subordinados identificam e negociam objetivos comuns, além de definir as áreas de responsabilidade de cada um em termos de resultados pretendidos.

O desempenho de gerentes e subordinados pode ser avaliado analisando o resultado final, comparando-o ao resultado pretendido ou esperado.

Na APO, os objetivos devem ser fixados a partir de uma diretriz ou finalidade comum, considerando a prioridade e a contribuição para o alcance dos resultados chave da empresa. Assim, os objetivos devem obedecer a uma determinada hierarquia dentro da organização e são escalonados em três níveis: **estratégico, tático e operacional.**

Objetivos Estratégicos

Também chamados de objetivos globais ou também objetivos da organização, são amplos, de longo prazo e abrangem a organização como um todo.

Peter F. Drucker é considerado o pai da administração moderna. Dentre seus trabalhos cabe destacar a publicação do livro The pratice of Manegement.

Objetivos Táticos

São os objetivos departamentais, referentes a cada departamento da organização. Tais objetivos são de médio prazo.

Objetivos Operacionais

Refere-se a cada atividade ou tarefa dentro da organização. São detalhados e de curto prazo. A importância do estabelecimento de objetivos para a organização pode ser avaliada pela diretriz ou finalidade comum que proporciona, permitindo o trabalho em equipe e melhorando as possibilidades de previsão de futuro.

Os objetivos possibilitam, quando há escassez, orientação e prevenção para uma distribuição criteriosa dos recursos.

A formulação dos objetivos organizacionais antecede o planejamento estratégico, proporcionando às empresas a escolha dos objetivos globais que pretende alcançar no longo prazo e definindo sua ordem de importância e prioridade.

Definindo-se os objetivos, a empresa promove a análise do ambiente externo, mapeando suas condições no sentindo de fazer as previsões em relação a cenários formados por mercados, concorrência e demais fatores externos, tais como conjuntura econômica e tendências políticas e sociais.

Seguindo à análise externa, focalizam-se as condições internas da empresa que permitam uma avaliação de seus pontos fortes ou fracos, ou seja, forças propulsoras ou restritivas ao alcance de seus objetivos.

Por fim faz-se necessário formular as estratégias, ou alternativas estratégicas, que constituem os cursos de ação futura que a empresa pode adotar no sentido de alcançar os objetivos propostos e segundo o seu planejamento.

Ciclo Da Apo

A Administração Por Objetivos envolve um comportamento cíclico permitindo correções e ajustes por meio de retroação proporcionada pela avaliação de resultados.

Esse ciclo corresponde ao exercício fiscal de uma empresa, cuja periodicidade, de maneira geral, é de um ano.

A Administração Por Objetivos, contudo, não é uma formula mágica e é comum que alguns dos elementos não funcionem de modo adequado.

Problemas relacionados a planejamento, formulação de objetivos e estratégias inadequadas são alguns dos pecados capitais da APO.

Sua aplicação apressada sem que as pessoas estejam devidamente preparadas para a utilização desse modelo pode conduzir a organização a resultados desastrosos.

TEORIA DA BUROCRACIA

T ambém conhecida como modelo burocrático de organização, baseia-se na racionalidade em que se busca o atingir metas e resultados com maior eficiência, pautando-se na adequação dos meios aos objetivos.

Os fundamentos da organização burocrática remontam à antiguidade, como forma de dominação estatal, emergindo da mediação entre interesses privados e a intervenção dos estados, a exemplo do que se observara na China, Mesopotâmia, Índia, Império Inca, antigo Egito e Rússia, segundo estudos de Karl Marx.

Considerado por alguns autores o pai da burocracia, Max Weber deu grandes contribuições ao modelo burocrático de organização, a partir de seus estudos sobre a organização das sociedades e a organização formal.

Max Weber desenvolveu um modelo de sociologia burocrática contemplando tanto a diferenciação, baseada na divisão do trabalho e na especialização de tarefas e na integração, através da hierarquia de autoridade, regras e regulamentos escritos, necessários para a realização de qualquer trabalho.

Weber acreditava que qualquer organização com características burocráticas seria eficiente. Observou ainda que o trabalho, no contexto de uma organização burocrática, poderia tornar-se tão simples e pouco exigente que poderia gerar insatisfação nos funcionários e, por consequência, tornar-se-ia menos produtivo.

Weber distinguiu três tipos de sociedade: a sociedade tradicional, de características patriarcais e patrimonialistas, a sociedade carismática, com características predominantemente místicas, arbitrárias e personalísticas e a sociedade legal, racional ou burocrática em que predominam normas impessoais e racionalidade na escolha dos meios e dos fins, a exemplo do que ocorre nas empresas e na organização dos estados modernos.

Max Weber foi um sociólogo alemão que se notabilizou pelo estudo das estruturas de autoridade. Dentre suas obras destaca-se A ética protestante e o espírito do capitalismo.

Max Weber identificou para cada tipo de sociedade um tipo correspondente de autoridade, ou seja, autoridade tradicional, carismática e legal, racional ou burocrática.

A autoridade é a representação do poder institucionalizado e oficializado, ou seja, significa a probabilidade de um comando, ou ordem específica, ser obedecido.

A burocracia constitui um exemplo típico das organizações racionais, visando atingir objetivos, a partir da previsibilidade do comportamento humano.

O modelo burocrático de organização, contudo, tem em seu bojo diversas disfunções, fazendo com que, no conceito popular, o termo seja entendido com uma organização lenta, onde predominam a procrastinação, o papelório e o apego às normas, regulamentos e rotinas.

Observa-se que não há um tipo único de burocracia, mas diversos graus de burocratização e essa variação depende das dimensões da burocracia, podendo existir em alto grau, num modelo ideal de burocracia ou em graus mais baixos nas organizações menos burocratizadas.

Além de Max Weber merecem destaque no estudo da teoria da burocracia Robert Merton, Philip Selznick, Richard Scott, Peter Bleau, entre outros.

A forma burocrática resulta em uma tentativa bem sucedida de atingir o que todas as organizações buscam, visando

diminuir o impacto de influências externas sobre seus membros e proporcionar a especialização, ou seja, garantir a eficiência e competência, controlando as inseguranças e a variabilidade do ambiente.
41

TEORIA ESTRUTURALISTA

A Teoria Estruturalista ou Estruturalismo surgiu na Europa por volta da década de 1950, como uma oposição às principais teorias clássicas e ao modelo burocrático de organização, sem, contudo, desprezá-las, ou seja, na teoria estruturalista busca-se a convergência das ideias, partindo do pressuposto que uma organização não é um elemento isolado.

Em outras palavras, as organizações precisam ser analisadas dentro de uma abordagem múltipla e globalizante envolvendo todos os fatores que as compõem.

De acordo com essa abordagem, uma organização é um sistema social aberto que se inter-relaciona com o seu ambiente interno e externo.

Para tanto, utiliza-se a tipologia das organizações, que devem considerar os elementos necessários ao controle, manutenção das estruturas de poder e os beneficiários principais, uma vez que a organização só existe visando satisfazer uma necessidade social.

A abordagem estruturalista reconhece a existência e a importância da organização informal e sua relação direta com a organização formal.

Dessa forma, não há como visualizar um modelo de organização sem a existência de conflitos, sejam eles entre a organização formal e a informal, ou na relação direta entre os clientes e a organização.

Para os estruturalistas os conflitos são benéficos, desde que, sendo bem administrados, proporcionem o enriquecimento das pessoas e das organizações, através da inovação e da mudança.

Saliente-se que os conflitos organizacionais são fatores inerentes à condição humana e o ser humano está sempre em permanente conflito, inclusive, consigo próprio, no sentido de tentar superar-se.

Não se deve evitá-lo ou ignorá-lo. Deve-se, sim, administrá-lo com o intuito de obter, através dele, inovações e oportunidades.

No modelo estruturalista as organizações são vistas como unidades sociais em busca do alcance de seus objetivos, sejam eles gerais ou específicos.

Sua eficiência é determinada pela medida em que consegue realizar tais objetivos, considerando a interação constante com o ambiente organizacional em que está inserida.

Nesse modelo organizacional adota-se a abordagem múltipla que satisfaz os requisitos tanto no aspecto das organizações formais, quanto das organizações informais, bem como os sistemas de incentivos para que haja a motivação do corpo funcional.

A importância dos níveis hierárquicos na consecução dos objetivos organizacionais e a interação com o ambiente no que se referem às mudanças internas e fenômenos externos favorecem a obtenção de resultados.

As organizações dentro do modelo estruturalista caracterizam-se pela hierarquia de autoridade, ou seja, diferenciação de poder em função da complexidade dos problemas organizacionais, distribuídos nos diferentes níveis.

Nível Institucional

É o nível mais elevado da organização e é composto pelos dirigentes e altos executivos. É denominado nível estratégico, uma vez que nesse nível está a responsabilidade pela definição dos objetivos e estratégias organizacionais. É o topo da pirâmide organizacional de onde se pode visualizar o ambiente externo.

Nível Gerencial

É o nível intermediário e está situado entre os níveis institucional e técnico. É o elo de ligação entre esses dois níveis, cujas decisões, tomadas no nível institucional, são transformadas em planos e programas para serem executados no nível técnico.

Nível Técnico

É o chamado nível operacional ou técnico, situado na base da pirâmide organizacional, no ambiente de tarefas e responsável pela execução dos planos e programas. O mérito dos estruturalistas reside no equilíbrio que pretenderam dar aos estudos organizacionais, tratando-se a organização dentro de uma abordagem de sistemas abertos.

A forma de manter essa estrutura aberta está no fortalecimento dos recursos humanos, sua principal fonte motivadora, uma vez que os indivíduos, de modo geral, são portadores da entrada de energia para o sucesso das organizações.

O sistema aberto necessita constantemente receber informações do ambiente, seja quanto a sua natureza ou quanto à qualidade e quantidade dos insumos, tornando, assim, o feedback algo indispensável.

TEORIA DO DESENVOLVIMENTO ORGANIZACIONAL

Em sentido mais restrito o Desenvolvimento Organizacional (DO) é um desdobramento prático e operacional da Teoria Comportamental, tendo como variáveis de análise a organização (grupo), o homem (indivíduo) e o ambiente, na exploração da interdependência entre essas variáveis, para diagnosticar a situação e intervir para sua mudança, considerando os aspectos estruturais e comportamentais, visando o alcance dos objetivos organizacionais e individuais.

O conceito de DO está relacionado aos processos de mudança e a capacidade adaptativa da organização em relação ao meio em que está inserida.

Sua estratégia é a preparação de agentes de mudança, educados para treinar pessoas para as novas condições do ambiente externo, além de preparar as organizações para mudanças consideradas inevitáveis.

Cabe aos agentes de mudança criarem em uma organização o clima favorável e voltado para a solução de problemas e servir de suplemento à autoridade vinculada à função, valendo-se da autoridade de conhecimento e competência, além de desenvolver a confiança entre as pessoas e grupos.

Cultura Organizacional

Conjunto de hábitos, valores, comportamentos, crenças, atitudes, tradições, interações e relacionamentos sociais típicos de cada organização.

Não pode ser considerada como algo estático e imutável, pois sofre uma série de interferências de diversas variáveis, entre elas, as variáveis tecnológicas, econômicas e sociais.

A cultura organizacional envolve um conjunto de normas informais e não escritas, enquanto orientadoras do comportamento dos membros da organização em seu cotidiano.

Para conhecer adequadamente uma empresa torna-se necessário compreender o contexto em que ela está inserida e sua própria cultura corporativa.

À medida que o ambiente sofre mudanças ele influencia as operações habituais da empresa. A cultura da empresa é um recurso da administração e pode ser usada para alcançar os objetivos da mesma forma que a tecnologia, os insumos da produção, equipamentos, recursos financeiros e humanos.

A cultura organizacional de uma empresa pode ser explicitada por meio de um código de ética, declarações de princípios, normas ou regulamentos.

Todavia, a cultura implícita, não escrita, não oficial ou real, às vezes penetra de maneira mais profunda do que palavras faladas ou escritas.

Clima Organizacional

O clima organizacional representa a atmosfera psicológica característica de cada organização. É o seu meio interno e está relacionado ao moral e à satisfação das necessidades dos participantes, podendo ser saudável ou maléfico, negativo ou positivo, satisfatório ou insatisfatório.

O conceito de clima organizacional, por sua vez, envolve fatores estruturais, tecnológicos, políticas da empresa, metas, regulamentos e, além disso, os fatores sociais relacionados a atitudes e comportamentos, encorajados ou sancionados pela organização.

O clima organizacional reflete o grau de satisfação das pessoas em relação ao ambiente interno da empresa.

Está vinculado à motivação, à lealdade, à identificação com a empresa, à colaboração entre as pessoas, entre outras variáveis.

Assim, o clima organizacional reflete a qualidade do ambiente de trabalho percebida pelas pessoas da empresa.

Alterações organizacionais

Alterações Estruturais

As alterações de ordem estrutural referem-se à organização formal da empresa e representam as divisões de atividades, com indicação dos canais de comunicação entre os diversos níveis da organização.

Mudanças nos métodos de operação, mudança nos produtos, mudanças na estrutura da organização e no ambiente de trabalho são modelos de DO com alterações estruturais.

Alterações Comportamentais

As alterações de ordem comportamental consistem em modificar o componente humano dentro das organizações e podem ocorrer em nível individual, nas relações interpessoais, nos comportamentos de grupo e nos comportamentos intergrupais.

O desenvolvimento de equipes, o feedback, a análise transacional, reuniões de confrontação, sistema de reuniões programadas, seminários situacionais, tratamento de conflito intergrupal e laboratório de sensitividade são exemplos de alterações comportamentais.

A análise transacional baseia-se nos três "estados do eu" em que as pessoas assumem uma série de comportamentos, conforme situações variáveis externas ou internas. Existem "pessoas" diferentes em cada indivíduo, representativas das manifestações do ego.

O Desenvolvimento Organizacional (DO) é um processo bastante dinâmico e suas técnicas são variadas, tanto no que se refere às alterações consideradas de natureza comportamental, como alterações estruturais, de modo que cada empresa deverá adotar a melhor técnica para satisfazer as suas necessidades.

O DO é de extrema importância para as empresas que lutam pela sobrevivência em um cenário repleto de constantes mudanças, uma vez que as mudanças que ocorrem no mundo atual exigem das organizações uma constante revitalização e reconstrução.

Dessa forma, a organização deve estar atenta aos problemas e oportunidades, no sentido de perceber as necessidades de mudança, diagnosticá-las e, em seguida, implementá-las de maneira planejada e organizada.

TECNOLOGIA E ADMINISTRAÇÃO

O desenvolvimento tecnológico sempre influenciou o processo de funcionamento das organizações. A partir da revolução industrial, com a aplicação da força motriz na produção em substituição à força humana, uma série de novas invenções foram incorporadas à vida das organizações, permitindo sua expansão, descentralização e busca de novos mercados, consolidando o que hoje é conhecido como globalização.

O grande marco no desenvolvimento tecnológico das organizações está ligado ao surgimento do computador, que tem sua origem na cibernética, cuja base reside no conceito de um sistema mecânico, interdisciplinar, que oferece sistemas de organização e processamento de informações e controles que auxiliam as demais ciências.

Os conceitos desenvolvidos na cibernética são utilizados de maneira bastante ampla nas teorias administrativas, tais como as noções de sistema, retroação, controle, comunicação, entre outros.

Sua base consiste em um sistema mecânico, com a propriedade de contínuas entradas de insumo (input) e saídas (output), cujos resultados incluem sua própria ação na nova informação, mediante modificação do comportamento de seu material e o fornecimento de ordens para o sistema dentro de seu curso de ação programado.

O sistema cibernético é uma máquina manipuladora de informações que possui grande diversidade e complexidade. A atividade de seu mecanismo depende de sua capacidade de receber, armazenar, transmitir e modificar informações.

Principais Conceitos De Sistemas

Conceito De Entrada (Input)

As entradas ou inputs são os insumos do ambiente, necessários à operação do sistema. A entrada de um sistema representa tudo o que é importado pelo sistema ou recebido de seu mundo exterior e pode ser constituído de informação, energia e materiais.

Conceito De Saída (Output)

A saída compreende o resultado final da operação de um sistema. Depreende-se que todo sistema produz uma ou várias saídas. Através das saídas, o sistema exporta o resultado de suas operações para o meio ambiente.

Conceito De Processamento

Método pelo qual as entradas são transformadas em saídas.

Conceito De Feedback

Retroalimentação ou retroação A retroação é um mecanismo pelo qual uma parte da energia de saída em um determinado sistema retorna à entrada. A retroação pode ser positiva (ação estimuladora) ou negativa (ação inibidora).

Conceito De Caixa Negra (Black Box)

Sistema cujo interior não pode ser desvendado. Os elementos internos são desconhecidos e só pode ser conhecido por fora, mediante manipulações e observações externas.

Conceito De Homeostasia

Equilíbrio dinâmico obtido por meio da autorregulação. É a capacidade do sistema em manter certas variáveis dentro de limites, mesmo que estímulos do meio externo forcem essas variáveis a assumir valores acima dos limites da normalidade.

Conceito De Redundância

Repetição da mensagem para que sua recepção seja mais garantida. A redundância produz no sistema certa capacidade para redução e eliminação de ruídos, prevenindo distorção e enganos na recepção da mensagem.

Conceito De Informação

Conjunto de dados com um significado, capaz de reduzir a incerteza ou aumentar o conhecimento sobre algo.

Conceito De Entropia

A entropia significa uma tendência a perdas, desintegração e desorganização em função da exaustão.

Conceito De Comunicação

Transmissão compartilhada de uma informação entre dois sistemas, mediante utilização de palavras, letras ou meio similares, por meio de telefone, internet, televisão, entre outros.

Conceito De Automação

Processo contínuo e controle automático das operações de um sistema.

Conceito De Robótica

Disciplina que estuda a aplicação de robôs em qualquer campo da atividade humana.

Conceito De Burótica

Aplicação dos métodos e processos da tecnologia da informática aos serviços burocráticos.

Conceito de classificação de sistemas

Determinísticos:

Quando se pode prever seu comportamento.

Probabilísticos:

Quando inferimos seu comportamento com certo grau de incerteza.

Propriedade dos sistemas e representação de sistemas

Excessivamente complexos probabilísticos e autorreguladores representados por meios de modelos que podem ser análogos ou em escala.

A cibernética traz o conceito de máquinas bem organizadas, que se aproxima do conceito de organização no sentido de controle, retroação e análise da informação.

Através da TI (Tecnologia da Informação), principal produto da cibernética, que representa a convergência do computador com a televisão e as telecomunicações, percebe-se o surgimento de novos elementos no contexto da atividade organizacional, tais como: a compressão do espaço (escritórios virtuais, compactação de arquivos eletrônicos, reduzindo o papelório), compressão do tempo (instantaneidade, real time, just- in- time), e conectividade (trabalho em grupo, workstation, teleconferência).

TEORIA MATEMÁTICA DA ADMINISTRAÇÃO

As teorias administrativas receberam grandes contribuições da Matemática para a solução de vários problemas organizacionais, a partir da aplicação de modelos matemáticos.

Através da Teoria Matemática desloca-se a ênfase na ação para a ênfase no processo de decisão que a antecede, estruturado em três etapas: a definição de um problema, possíveis alternativas de solução e melhor alternativa de solução.

As soluções contidas em equações matemáticas servem de base para muitas decisões administrativas. Sua aplicação no contexto organizacional é conhecida como pesquisa operacional (PO).

Embora suas origens tenham sido verificadas antes da primeira revolução industrial, a PO passou a ser mais utilizada a partir do século XIX, com a aplicação do método científico na solução de problemas. Seus autores vieram da Matemática, da Estatística, da Engenharia e da Economia.

Suas definições variam desde técnicas matemáticas específicas até o método científico em si, incluindo os aspectos referentes à visão sistêmica de seus problemas, focalizando a análise de operações de um sistema não apenas com um problema particular.

A metodologia da PO consiste em formulação do problema, através da análise do sistema, seus objetivos e as alternativas de ação, construção de um modelo matemático que represente o sistema, dedução de uma solução para o modelo matemático, teste do modelo e da solução, estabelecimento do controle sobre a solução e colocação da solução em funcionamento.

Técnicas Da Pesquisa Operacional – Po

Teoria Dos Jogos

Formulação matemática para análise dos conflitos, ou seja, oposição de forças ou interesses ou de pessoas em que se origina uma ação dramática.

Teoria Das Filas Ou Linhas De Espera

Otimização de arranjos em condições em que haja aglomeração. Cuida de pontos de estrangulamento e dos problemas de espera.

Teoria Das Redes Ou Grafos

Derivadas das técnicas de planejamento e programação por redes, muito utilizadas nas atividades de construção civil e montagem industrial, formuladas em diagramas que representam o caminho crítico na relação entre tempo e custo.

Programação Linear

Minimizar custos e maximizar objetivo dentro de uma posição ótima em relação a um objetivo, escolhendo a melhor solução entre várias alternativas.

Probabilidade E Estatística Matemática

Permite o máximo de informações possíveis a partir dos dados disponíveis.

Programação Dinâmica

Aplicada em problemas com muitas fases interrelacionadas, onde se deve adotar uma decisão adequada para cada uma delas, sem perder de vista o objetivo último.

Independentemente do método utilizado, procura-se sempre a solução ótima ou quase ótima, que minimiza ou maximiza a medida do desempenho em determinado modelo, sujeita às restrições e condições ali representadas.

Pela pesquisa operacional é possível fornecer subsídios racionais para a tomada de decisão dentro da organização, com a utilização de dois modelos básicos, quais sejam: os determinísticos, em que a solução baseia-se na certeza dos dados iniciais, os quais não assumem outros valores ao longo das operações; e os probabilísticos, em que os dados são incertos e cujos acontecimentos se sucedem aleatoriamente.

Dessa forma, mesmo quando todos os fatores de um problema são quantificados, torna-se necessário que o administrador considere a solução indicada pela PO como apenas um dos fatores a serem levados em conta no momento de sua decisão final.

Nesse sentido, a PO serve para armar o gestor ou administrador com instrumentos para enfrentar os problemas de maneira rotinizada, ao passo que lhe proporciona a oportunidade para considerar outros cursos de ação alternativos e destinar mais tempo aos novos problemas que surgirão no cotidiano complexo das organizações.

TEORIA DE SISTEMAS

Decorrente da Teoria Geral de Sistemas, introduzido pela Biologia por Ludwig Von Bertanlanffy1, espalhou-se por todas as ciências, com grande influência na Administração.

Os pressupostos da TGS estão relacionados à existência de uma tendência para a integração das ciências naturais e sociais, orientada rumo à teoria de sistemas, que constitui o modo mais abrangente de estudar os campos não físicos do conhecimento científico, assim como ocorre com as ciências sociais.

A Teoria de Sistemas desenvolve princípios unificadores, conduzindo a uma integração na educação científica. A TGS se fundamenta em três premissas básicas:

Os sistemas existem dentro de sistemas, cada qual constituído de subsistemas, dentro de um sistema maior, o suprassistema. São abertos, de intercâmbio infinito com o ambiente, trocando energia e informação e suas funções dependem de sua estrutura.

A Organização Como Um Sistema Aberto

A organização é um sistema criado pelo homem que mantém uma dinâmica interação com o meio em que está inserido, sejam fornecedores, clientes, concorrentes, entidades governamentais, etc.

A natureza não está dividida dessa forma. A TGS afirma que se deve estudar os sistemas globalmente, envolvendo as interdependências de suas partes.

A água é diferente do hidrogênio e do oxigênio que a constitui, assim como o bosque é diferente das árvores e influi no meio ambiente e recebe influência deste.

Características Das Organizações Como Sistemas Abertos

Comportamento probabilístico e não determinístico em que não se pode prever as consequências de mudanças em seus ambientes, em função de variáveis desconhecidas e incontroláveis.

As organizações são partes de uma sociedade maior e, portanto, constituída de partes menores que interagem produzindo uma totalidade que não pode ser compreendida se analisada isoladamente.

As partes da organização são independentes, porém inter-relacionadas. Qualquer mudança em uma das partes pode afetar as outras. O estado de equilíbrio ou homeostase é conseguido mediante a satisfação da constância de direção ou unidirecionalidade e o progresso em relação ao objetivo.

As organizações têm fronteiras e limites que demarcam e definem o que está dentro ou fora do sistema e que as diferenciam dos ambientes.

É através da fronteira que existe a interface, ou seja, área ou canal entre os diferentes componentes de um sistema.

Diferente dos sistemas mecânicos e biológicos, a organização é um sistema capaz de modificar a si próprio e sua estrutura básica.

Tal propriedade é chamada de morfogênese. A organização tem a capacidade de superar os distúrbios impostos por um fenômeno externo. Tal capacidade em linguagem científica é chamada resiliência.

Vários são os modelos que explicam a organização como um sistema aberto, cabendo destacar características dos sistemas abertos relacionadas a entradas (importação), processamento (transformação), saídas (exportação) e o modelo sociotécnico, cuja abordagem está calcada no subsistema técnico e no social.

TEORIA DA CONTINGÊNCIA

N ão há nada de absoluto nas organizações. Esta é a ênfase da Teoria da Contingência. Tudo é relativo e tudo depende da relação funcional entre as condições do ambiente e as técnicas administrativas necessárias ou apropriadas para o alcance, de maneira eficaz, dos objetivos organizacionais.

Por sua vez, o ambiente é tudo que envolve externamente uma organização, ou seja, é o contexto dentro do qual uma organização está inserida.

Através do mapeamento ambiental, torna-se possível auxiliar a organização no sentido de explorar e compreender o ambiente visando redução da incerteza a seu respeito.

Variáveis Ambientais

O ambiente organizacional interno e externo (ambiente geral) mantém constante integração e interdependência, de modo que cada organização é influenciada em graus diferenciados por variáveis, a saber:

Inovação Tecnológica

São as invenções, técnicas, aplicações, desenvolvimento de métodos e processos.

Normas Políticas

Envolvem o clima político e ideológico geral que o governo pode criar e a estabilidade ou instabilidade política, que determina as políticas governamentais na área fiscal, tributária, empregos, saúde pública, educação, entre outros.

Normas Legais

Estão relacionadas ao contexto de leis e normas legais que regulam, controlam, incentivam ou restringem determinados tipos de comportamento organizacional em geral.

Normas, Regras E Procedimentos Econômicos

Relacionam-se aos lucros, custos, preços dos produtos e serviços prestados pela organização.

Condições E Relações Sociais

Tudo que está relacionado à comunidade, à cultura, hábitos, costumes e tradições de uma sociedade.

Variável Demográfica

São as características da população, seu crescimento, raça, religião, distribuição geográfica, distribuição por sexo ou idade.

Variável Ecológica

Aspecto físico e natural relacionado a clima e vegetação que envolve a localização da organização.

Em função das variáveis do ambiente geral, a organização procura adaptar-se e sobreviver em seu ambiente de tarefa que é composto pelos fornecedores, clientes, concorrência e entidades reguladoras (governo, sindicatos, associações de classe).

O ambiente apresenta restrições, coações, contingências, problemas e oportunidades para as organizações que devem ser analisadas antes da tomada de decisão em relação às ações necessárias ao alcance dos objetivos.

ESTRATÉGIA ORGANIZACIONAL

O termo estratégia é um conceito militar bastante antigo, definido pela aplicação de forças contra determinado inimigo.

Já em termos organizacionais, trata-se de mobilizar recursos para o atingimento de objetivos e passou a ser bastante utilizado a partir da Teoria Neoclássica.

A literatura existente sobre administração estratégica é bastante vasta e ao longo dos anos tem recebido contribuições de diversas outras áreas do conhecimento, no intuito de melhor compreendê-la.

Desde a adaptação das espécies, o desenvolvimento das sociedades, mecânica quântica e teoria do caos até a psicologia da cognição humana e história militar de estratégia e conflitos, tais conceitos corroboram no sentido de entender melhor a aplicabilidade desse termo.

A estratégia é uma palavra que muitas vezes é definida de uma forma e usada de outra. Estratégia é um padrão, isto é, consistência em comportamento ao longo do tempo.

Pode-se, por exemplo, definir estratégia como plano, algo pretendido, ou ainda, olhar para frente. Da mesma forma é correto considerar a estratégia como um padrão, ou seja, algo realizado, se olharmos o comportamento passado.

Desenvolvida pelos neoclássicos, a chamada escola do planejamento estratégico surgiu como um processo formal de formulação de estratégia, a partir de uma abordagem prescritiva e normativa estabelecida em cinco estágios, a saber:

Formulação De Objetivos Organizacionais

A organização define os objetivos globais que pretende alcançar no longo prazo, sua ordem de importância e prioridade e a hierarquia dos objetivos.

Nesse estágio identificam-se as alternativas estratégicas relevantes; qual a melhor direção a ser tomada.

Análise Externa Do Meio Ambiente

Uma vez estabelecidos os objetivos, a auditoria externa serve para avaliar as condições do ambiente externo da organização, a partir do mapeamento desse ambiente, visando estabelecer um conjunto de previsões.

O lema dos neoclássicos é "prever e preparar". Análise interna das forças e limitações da empresa. Trata-se da análise dos pontos fortes e fracos da empresa, sendo os pontos fortes caracterizados como forças propulsoras, enquanto os pontos fracos são as limitações e restrições que impedem o alcance dos objetivos.

Escolha Da Estratégia Ou Estágio De Avaliação Da Estratégia

Constitui os cursos de ação futura que podem ser adotados para a organização visando atingir os objetivos globais.

Operacionalização Da Estratégia

É onde a maior parte dos modelos de planejamento se torna mais detalhada. Envolve o conjunto de hierarquias em diferentes níveis e diferentes perspectivas de tempo.

Benchmarking

Considerada uma das ferramentas de maior utilidade para a gestão organizacional, o benchmarking está centrado na premissa de que é mais importante averiguar, explorar, analisar, compreender e utilizar soluções promovidas por empresas, concorrentes ou não, em relação a certos problemas.

Obter a aprovação de seus clientes e permanecer viva no mercado é, atualmente, um grande desafio para as empresas, devido à grande competitividade existente.

Sem dúvida, todas as organizações necessitam sobreviver a esse ambiente de cenário cada vez mais confuso, turbulento e complexo.

Sendo assim, fazer o benchmarking torna-se fundamental, na medida em que possibilita vislumbrar novas oportunidades e ameaças.

Tornar-se o melhor entre os melhores é o grande objetivo a ser alcançado e uma das ferramentas úteis para seu alcance está na utilização deste procedimento.

Com o benchmarking é possível proporcionar a empresa informações que possam lhe servir de referencial.

Fazer benchmarking tem como pressuposto a ideia de processo, contínuo e de longo prazo, estruturado de modo sistemático, a partir da aplicação de um método.

Trata-se de um processo de investigação destinado a mensurar dados dentro de uma consequência lógica em que se torna possível posicionar as práticas de uma empresa, em relação ao que existe fora dela, quantificando-as de algum modo.

Em essência, explora-se o desconhecido e converte seu resultado em ação empreendedora.

Tipos De Benchmarking

Benchmarking Interno

Voltado para o espaço interno da empresa, cujo objetivo é a identificação do grau de desempenho de uma organização.

Benchmarking Externo

Voltado para identificar as melhores práticas dos concorrentes, distingue-se em competitivo, funcional ou genérico. A vantagem do benchmarking competitivo é obter informações relevantes para os resultados de negócios, enquanto no benchmarking funcional ou genérico é a promoção da atividade de investigação visando descobrir práticas inovadoras, sem, necessariamente, levar em consideração a concorrência direta com a empresa ou organização investigada.

Características

a) Não é um evento único e, portanto, deve ser entendido e praticado continuamente.
b) Não é um processo de investigação que proporciona respostas simples, pois permitirá acesso a informações valiosas.
c) Benchmarking não é cópia e sim fazer melhor, devendo ser entendido como aprendizagem constante.
d) Sua aplicação não é imediata. Demanda tempo e exige planejamento cuidadoso.
e) Não deve ser considerado como modismo.

Princípios

a) Reciprocidade: a troca de informações entre empresas parceiras deve ocorrer de maneira ética e honesta.
b) Analogia: os processos analisados devem se assemelhar entre as empresas envolvidas.
c) Medição: é através da mensuração e observação cuidadosa que a empresa identificará oportunidades de melhorias em seus processos.
d) Validade: a validação das amostras ou informações obtidas leva à certeza quanto ao que foi levantado durante as investigações.

REFERÊNCIAS BIBLIOGRAFICAS

ABRAMOWICZ, Mere. A importância dos grupos de formação reflexiva docente no interior dos cursos universitários. In: CASTANHO, Sergio e CASTANHO, Maria Eugênia L.M. (orgs). Temas e Textos em metodologia do ensino superior. São Paulo: Papirus (2002)

ALIGLERI, Luiz Antonio. As condições de ensino na perspectiva dos alunos de graduação em administração de instituições privadas. In: http:// www.angrad.com.br.

ALMEIDA, Ney Luiz Teixeira & ALENCAR, Mônica Maria Torres de. Transformações estruturais e desemprego no capitalismo contemporâneo. In: SERRA, Rose (org.) Trabalho e reprodução: enfoques e abordagens. São Paulo: Cortez, 2001.

ARANHA, Maria Lúcia de Arruda. História da educação. 2a ed. rev. Atual. São Paulo: Moderna,1996.

ARAUJO, Luis César G. De. Organização, sistemas e métodos e as modernas ferramentas de gestão organizacional: arquitetura, benchmarking, empowerment, gestão pela qualidade total, reengenharia. São Paulo: Atlas, 2001.

ÁVILA, Ribeiro Alais. O olho da rua - As representações de trabalho de adolescentes. São Paulo, 2002. Tese de doutoramento em Educação – FE-USP.

BERNARDES, Cyro. Teoria geral da administração: gerenciando organizações. São Paulo: Saraiva 2004.

CANDAU, Vera Maria. Sociedade, educação e cultura(s): questões e propostas. Petrópolis, RJ: Vozes, 2002.

CANESIN, Maria Teresa. Introdução à teoria e ao método em ciências sociais da educação. Goiânia, Editora da UCG, 2001.

CARDOSO, Wille Muriel. Serviço Educacional: o que os coordenadores de cursos devem saber, primariamente. In: Gestão Universitária, São Paulo, Edição 23, julho de 2004. www.gestaouniversitaria.com.br

CARVALHO, Célian Pezzolo de. Ensino noturno: realidade e ilusão. São Paulo: Cortez, 2001.

CIAVATA, Maria. O conhecimento histórico e o problema teórico-metodológico das mediações. In: FRIGOTO, Gaudêncio e CIAVATA, Maria (orgs). Teoria e educação no labirinto do capital. RJ: Vozes, 2001.

CHIAVENATO, Idalberto. Introdução à teoria geral da administração. RJ: Elsevier, 2004.
_____. Gestão de pessoas: o novo papel dos recursos humanos nas organizações. RJ: Campus, 1999.
_____. Comportamento organizacional: a dinâmica do sucesso nas organizações. RJ: Elsevier, 2005.

CHIZZOTTI, Antônio. Metodologia do ensino superior: o ensino como pesquisa. In: CASTANHO, Sérgio e CASTANHO, Maria Eugênia (orgs). Temas e textos em metodologia do ensino superior. São Paulo: Papirus, 2002.

COSTA, Márcia da Silva. Reestruturação produtiva, sindicatos e a flexibilização das relações de trabalho no Brasil. ERA – eletrônica, JUL/DEZ 2003.

CUNHA, Luiz Antônio. O golpe na educação. RJ: Jorge Zahar, 2002. DAVIDOV, V.V. Problemas do ensino desenvolvimental: a experiência da pesquisa teórica e experimental na Psicologia. Tradução de textos publicados na Revista Soviet Education sob título Problems of desenvolvimental teaching. Educação Soviética. Agosto 1988/vol.XXX, n. 8
______. A atividade de aprendizagem no primeiro período escolar. In: Problemas do ensino desenvolvimental – cap. 5, p.7.(1988); Texto traduzido por José Carlos Libaneo e Raquel Aparecida M. da M. Freitas – out. 2003.

DELUIZ, Neise. Inovações tecnológicas e suas implicações para a educação e a formação profissional. In: Formação do trabalhador: Produtividade e cidadania. RJ: Shape, 1995.

DEWEY, John. Democracia e educação. São Paulo. Cia editora, 1979 (Trechos selecionados).
DOLL JR., Willian E. Currículo: uma perspectiva pós moderna. Porto Alegre: Artes Médicas, 1997.

DRUCKER, Peter F. O advento da nova organização. Harvard Business Review, jan/fev 1988.
______. A Nova era da Administração. São Paulo: Pioneira, 1989.
DURKHEIM, Émile. As regras do método sociológico. Prefácio da primeira e Segunda edição. São Paulo. Abril, 1973.
______. As formas elementares da vida religiosa. São Paulo. Abril, 1973.
______. Educação e sociologia. São Paulo. Melhoramentos, 1978.

DUTRA, Ivan de Souza et. al. A formação dos egressos de Administração e um perfil deste profissional. In: Revista Angrad. Vol. 3 Número 2, Abr – Jun 2002.

FERREIRA, Aurélio B. H. Novo Dicionário Aurélio da Língua Portuguesa. Rio de Janeiro. Nova Fronteira, 1986.

FLEURY, Maria Tereza Leme. A cultura da qualidade ou a qualidade da mudança. In: FERRETI, Celso João et. al. (org.) Processo e gestão do Trabalho. São Paulo: Fundação Carlos Chagas, 1994.

FONTES, Virginia. História e verdade. Petrópolis, RJ: Vozes, 2001.

FRANÇA, Ana Cristina Limongi. Comportamento organizacional: conceitos e práticas. São Paulo: Saraiva, 2006.
FRIGOTO, Gaudêncio, Maria Ciavata (org.). Teoria e educação no labirinto do capital. Petrópolis, RJ: Vozes, 2001.

GARCIA, Carlos Marcelo. Pesquisa sobre formação de Professores: O conhecimento sobre aprender a ensinar. Revista Brasileira de Educação, 1998.

GHIRALDELLI Junior, Paulo. História da educação. São Paulo: Cortez, 2000.

GIROUX, Henry A. Os professores como intelectuais: rumo a uma pedagogia crítica da aprendizagem. Porto Alegre: Artes Médicas, 1997.

GONÇALVES, Hortência de Abreu. Manual de projetos de pesquisa científica. São Paulo: Avercamp, 2003. GRAVE, Paulo Sérgio et. al. Modelo de formação de administradores em questão: possibilidade única ou alternativa escolhida In: Revista Angrad, vol. 3, número 1, Jan-Mar 2002.

GUERREIRO Filho, Antônio. O poder da camisa branca. São Paulo: Futura, 2000.

HADJI, Charles. Pensar e agir a educação: da inteligência do desenvolvimento ao desenvolvimento da inteligência. Porto alegre: Artes Médicas, 2001.

HIRATA, Helena. Da polarização das qualificações ao modelo da competência. In: FERRETI, Celso João et. al. (org.). Processo e gestão do Trabalho. São Paulo: Fundação Carlos Chagas, 1994.

IMBERNÓN, Francisco. Formação docente e profissional: Formar-se para a mudança e a incerteza. São Paulo: Cortez, 2002.

KONDER, Leandro. O que é dialética. (Coleção primeiros passos). São Paulo: Brasiliense, 1999.

KUENZER, Acácia Z. Educação e trabalho no modo de produção capitalista: as formas de abordar a questão. In: Pedagogia da Fábrica - as relações de produção e a educação do trabalhador. SP: Cortez, 1995.

_____. A relação entre a teoria e a prática em face das mudanças ocorridas no mundo do trabalho. DIGITADO. S.d.

_____. O que muda no cotidiano da sala de aula universitária com as mudanças no mundo do trabalho? In: CASTANHO, Sergio e Maria Eugenia (orgs). Temas e textos em ensino superior. Campinas, SP: Papirus 2001. _____. Ensino médio e profissional: as políticas do estado neoliberal. São Paulo: Cortez, 2001.

LACOMBE, Francisco José Masset. Recursos humanos: Princípios e tendências. São Paulo: Saraiva, 2005.

LEHER, Roberto. Educação e tempos desiguais: Reconstrução da problemática trabalho e educação. 19a RA/1996 ANPED. http://www.ced.ufsc.br/gttanped/ gttedupla.htm.

LEITE, Márcia de Paula. Novas formas de gestão da mão-de-obra e sistemas participativos: uma tendência à democratização das relações de trabalho? In: Revista Educação e Sociedade n. 45 agosto/93.

_____. Modernização Tecnológica e Relações de Trabalho. In: FERRETI, Celso João et. al. (org.) Processo e gestão do Trabalho.

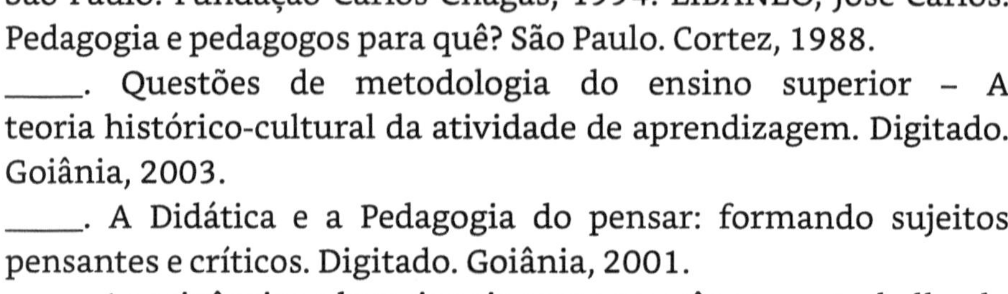

São Paulo: Fundação Carlos Chagas, 1994. LIBÂNEO, José Carlos. Pedagogia e pedagogos para quê? São Paulo. Cortez, 1988.

______. Questões de metodologia do ensino superior – A teoria histórico-cultural da atividade de aprendizagem. Digitado. Goiânia, 2003.

______. A Didática e a Pedagogia do pensar: formando sujeitos pensantes e críticos. Digitado. Goiânia, 2001.

______. As exigências educacionais contemporâneas e o trabalho do Professor. Digitado. Goiânia, 2000.

______. Organização e gestão da Escola – teoria e prática. Goiânia: Alternativa, 2004 LOPES, Marcos & PINTO, André Leite França. Uma abordagem institucional sobre o perfil do administrador de empresas: Estado – Empresa - Universidade. In: http:/ / www.angrad.com.br.

MAIR, Judith. Chega de oba oba! Porque desempenho e disciplina rendem mais que inteligência emocional, espírito de equipe e soft skills. São Paulo: Martins Fontes, 2005.

MANACORDA, Mario Alighiero. O que é o trabalho? In: Marx e pedagogia moderna. SP: Cortez, 1998.

MARKET, Werner. Novos paradigmas do conhecimento e modernos conceitos de produção: implicações para uma nova didática na formação profissional. In: Educação e sociedade - Revista CEDES - Agosto/2000. Campinas: Cedes, 2000.

MARTINS, Carlos Benedito. O que é Sociologia. (Coleção primeiros passos). São Paulo: Brasiliense, 1999.

MARTINS, Marcos Francisco. Ensino técnico e globalização: cidadania ou submissão? Campinas: Autores Associados, 2000.

MASETTO, Marcos Tarciso. Competência pedagógica do professor universitário. São Paulo: Summus, 2003.

MAXIMIANO, Antonio César Amaru. Teoria Geral da

Administração: da ciência à competitividade da economia globalizada. São Paulo: Atlas, 2000.

MEGGINSON. Leon C. Administração, Conceitos e Aplicações. São Paulo: Harbra, 1998.

MINTZBERG, Henry. Safári de estratégia: um roteiro pela selva do planejamento estratégico. Porto Alegre: Bookman, 2000.

MORAES, Maria C. O paradigma educacional emergente. Campinas: Papirus, 1997.

MUNIZ, Adir Jaime de Oliveira e Hermínio Augusto Faria. Teoria Geral da Administração: noções básicas. São Paulo: Atlas, 2001.

NUNES, Rodrigues Eliane. Ensino jurídico – didática e metodologia numa perspectiva crítica. Dissertação de mestrado em educação. Goiânia, 2002.
OLIVEIRA, Djalma de Pinho Rebouças de. Planejamento estratégico: conceitos, metodologia e práticas. São Paulo: Atlas, 2002.
_____. Manual de consultoria empresarial. São Paulo: Atlas, 2002.

PAIVA, Vanilda. O novo paradigma de desenvolvimento: educação, cidadania e trabalho. In: Revista Educação e sociedade, n. 45, agosto/93. PARECER nº 0134/2003 de 04/06/2003 CNE/MEC.
PARO, Vitor H. Administração escolar: introdução crítica. São Paulo: Cortez, 1988.

PEREIRA, Francisco Isidro. A prática pedagógica da reflexão na ação como método de ensino da identidade do administrador. In: http://www.angrad.com.br

REGO, Teresa Cristina. Vygotsky: uma perspectiva histórica - cultural da educação. Petrópolis, RJ: Vozes, 1995.

REVISTA ANGRAD. Volume 3, número 1, Jan - Mar 2002. ____.
Volume 3, número 2, Abr-jun 2002.
____. Volume 3, número 4, Out - dez 2002.

REVISTA ÉPOCA - 1o de setembro de 2003

RIBEIRO, Antônio de Lima. Gestão de pessoas. São Paulo: Saraiva, 2006.

RODRIGUES, Orlando Barbosa. Administrador: Perfil e formação – Das diretrizes curriculares oficiais, ao funcionamento real do currículo e da metodologia de ensino. RJ: Corifeu, 2006.
____. Reflexões sobre a ética na administração. In:
WHITAKER, Maria do Carmo et. al. (org). Ética na vida das empresas. São Paulo: DVS editora, 2007.

SALERNO, Mario Sergio. Trabalho e Organização na Empresa Industrial Integrada e Flexível. In: FERRETI, Celso João et. al. (org.) Processo e gestão do Trabalho. São Paulo: Fundação Carlos Chagas, 1994.

SANTOS, Boaventura de S. Um discurso sobre as ciências. Porto: edições Afrontamento, 1987.

SANTOS, Eloísa Helena. O saber em trabalho: a experiência de desenvolvimento tecnológico pelos trabalhadores de uma indústria brasileira. 19a RA/1996 ANPED. http://www.ced.ufsc.br/gttanped/gttedupla.htm

SENGE, Peter M. A quinta disciplina. São Paulo: Best Seller, 1998.

SEVERINO, Antônio Joaquim. Metodologia do trabalho científico. São Paulo: Cortez, 2000.

SILVA, Tomás Tadeu (org.). Liberdades reguladas - A pedagogia construtivista e outras formas de governo do eu. Petrópolis. Vozes,

1998.

______. Educação, Trabalho e Currículo na era do pós-trabalho e da pós-política. In: FERRETI, Celso João et. Al. (orgs). Trabalho, formação e currículo: para onde vai a escola? São Paulo: Xama, 2000.

SIRGADO, Angel Pino. Pensamento e linguagem: Estudos na perspectiva da psicologia soviética. Cadernos CEDES - São Paulo: Papirus, 1991.

Site oficial da ANGRAD: www.angrad.com.br Site oficial do CFA (Conselho Federal de Administração): www.cfa.org.br SOARES, Magda. Linguagem e escola: uma perspectiva social. São Paulo. Ática, 2002.

SPECTOR, Nelson. Manual para redação de teses, projetos de pesquisa e artigos científicos. RJ. Guanabara Koogan, 2001.

VEIGA. Ilma Passos Alencastro. Projeto político pedagógico: continuidade ou transgressão para acertar? In: CASTANHO, Sergio e CASTANHO, Maria Eugênia L.M. (orgs). O que há de novo na Educação Superior. Do projeto pedagógico à Educação transformadora. Campinas, SP: Papirus, 2000.

______. O cotidiano da aula universitária e as dimensões do projeto político pedagógico. In: CASTANHO, Sergio e CAS TANHO, Maria Eugênia L.M. (orgs). Temas e textos em metodologia do ensino superior. Campinas, SP: Papirus, 2001.

WAGNER III, John A. Comportamento organizacional. São Paulo: Saraiva, 2006.

YIN, Robert K. Estudo de caso: planejamento e métodos. Porto Alegre: Bookman, 2001

ZAMBERLAN, Maria Cristina. A teoria da atividade: agir para transformar algo. (Internet). 2001.